M_ _-n-_nt_
Mi Mascota
EL GATO

Aaron Carr

This AV² media enhanced book gives you a fully bilingual experience between English and Spanish to learn the vocabulary of both languages.

Go to **www.av2books.com**, and enter this book's unique code.

BOOK CODE

D 1 8 1 9 6 8

AV² by Weigl brings you media enhanced books that support active learning.

English

Spanish

AV² Bilingual Navigation

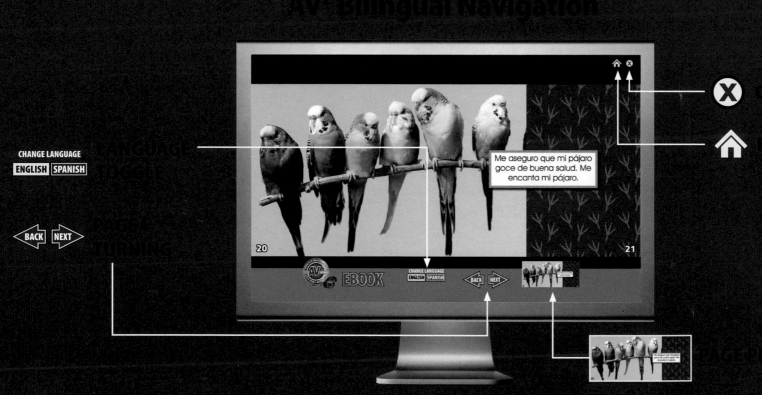

CHANGE LANGUAGE
ENGLISH SPANISH

X CLOSE

⌂ HOME

2

Me Encanta Mi Mascota

EL GATO

CONTENIDO

Me encanta mi gata.
La cuido muy bien.

4

Mi gata fue gatita. Cuando nació, no podía abrir sus ojos.

Mi gata era muy pequeña cuando la llevé a casa.
Tenía apenas doce semanas de edad.

El gato doméstico más grande del mundo mide cuatro pies de largo.

Mi gata puede ver en la oscuridad. Sus ojos brillan.

Mi gata puede saltar muy alto.
Puede saltar sobre una cerca.

Los gatos caminan moviendo
las dos patas derechas y
luego las dos patas izquierdas.

13

14

Mi gata duerme aproximadamente dieciséis horas al día. Toma muchas siestas durante el día.

Mi gata come sólo dos veces por día. Le doy diferentes tipos de alimento.

Uvas o pasas pueden enfermar a los gatos.

Mi gatita tiene mucho pelo.
Debo cepillarla frecuentemente.

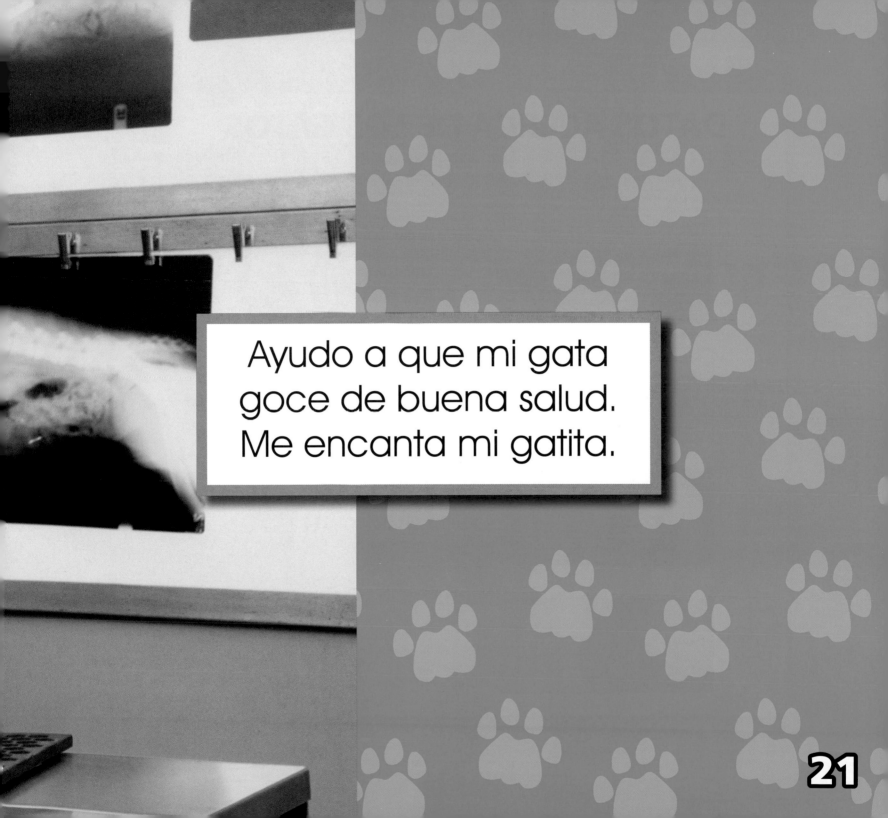

Ayudo a que mi gata
goce de buena salud.
Me encanta mi gatita.

21

DATOS ACERCA DE LOS GATOS

Esta página proporciona más detalles acerca de los datos interesantes que se encuentran en este libro. Basta con mirar el número de página correspondiente que coincida con el dato.

Páginas 4–5

Quiero a mi gata. Cuido bien de ella. En los Estados Unidos, la gente tiene más gatos que cualquier otra mascota. Pueden ser mimosos, activos, independientes y juguetones. Cada gato tiene su propia personalidad. Es importante conocer a tu gato y sus necesidades. Todos necesitan suficiente alimento, agua, ejercicio y un lugar calentito para dormir.

Páginas 6–7

Mi gata fue gatita. Cuando nació, no podía abrir sus ojos. Las crías de gato se llaman gatitos. No pueden abrir sus ojos por 8 a 12 días después de nacer. Se pasan durmiendo o tomando la leche materna. Lávate siempre las manos antes de tocar a un gatito recién nacido. Los microbios de tus manos pueden perjudicarlo.

Páginas 8–9

Mi gata era muy pequeña cuando la llevé a casa. Tenía apenas 12 semanas de edad. A las 4 semanas de edad, los gatos pueden caminar y explorar por sí mismos. A las 12 semanas, la mayoría de los gatos pueden cuidarse solos. A esta edad, pueden ser adoptados por alguna familia. Los gatos llegan a la adultez en un año. A medida que envejecen, sus necesidades de alimento y ejercicio cambian.

Páginas 10–11

Mi gata puede ver en la oscuridad. Sus ojos brillan. Los gatos pueden ver en la oscuridad aproximadamente 6 veces mejor que los seres humanos. Sus pupilas se vuelven grandes y redondas para que entre más luz en sus ojos, que tienen una superficie reflectante en la parte posterior. Esta refleja la luz que entra en los ojos para ayudarle a ver mejor en la oscuridad. La luz reflejada también hace que los ojos del gato brillen cuando se los alumbra con una luz fuerte.

Páginas 12–13

Mi gata puede saltar muy alto. Puede saltar sobre una cerca. Las patas traseras del gato son muy fuertes. Pueden saltar hasta 5 veces su propia altura. También pueden usar sus poderosas patas para correr hasta treinta millas (48 kilómetros) por hora. Es saludable para los gatos mantenerse activos, corriendo y saltando todos los días. Los juguetes pueden fomentar un comportamiento activo.

Páginas 14–15

Mi gata duerme aproximadamente 16 horas al día. Toma muchas siestas durante el día. Los gatos duermen casi todo el tiempo. Tienen dos tipos de sueño, el sueño profundo y las siestas. Duermen profundamente sólo unas cuantas horas al día. El resto del tiempo toman siestas. Los gatos están más despiertos al amanecer y al anochecer.

Páginas 16–17

Mi gata come sólo dos veces al día. Le doy diferentes tipos de alimento. A la mayoría de los gatos se les debe alimentar dos veces al día. Necesitan alimentos secos y alimentos húmedos. Varía el alimento de tu gato. Si no, se podría rehusar a comer cualquier otra cosa. Ciertos alimentos humanos, como las uvas, las pasas, las cebollas, el ajo y el chocolate, pueden enfermar a los gatos.

Páginas 18–19

Mi gata tiene mucho pelo. Debo cepillarla con bastante frecuencia. Los gatos se mantienen limpios ellos mismos. No necesitan bañarse, pero se les debe cepillar el pelo frecuentemente. Si no, se le pueden formar bolas de pelo. También hay que cortarles las uñas con regularidad. Un poste para arañar puede ayudarle al gato a limarse las uñas.

Páginas 20–21

Ayudo a que mi gata goce de buena salud. Quiero a mi gatita. Los gatos deben ir al veterinario por lo menos una vez al año. Los gatitos deben ser vacunados a eso de los 6 meses de edad. Las vacunas le ayudarán a prevenir muchas enfermedades comunes entre los gatos. Es posible que necesiten visitas adicionales al veterinario si están enfermos.

Check out av2books.com for your interactive English and Spanish ebook!

1 Go to av2books.com

2 Enter book code   D181968

3 Fuel your imagination online!

www.av2books.com

Published by AV² by Weigl
350 5th Avenue, 59th Floor New York, NY 10118
Website: www.av2books.com   www.weigl.com

Carr, Aaron.
 El gato / Aaron Carr.
    p. cm. -- (Adoro a mi mascota)
 ISBN 978-1-61913-181-1 (hardcover : alk. paper)
 1. Cats--Juvenile literature. I. Title.
 SF445.7.C3718 2012
 636.8--dc23
                                        2012018768

Printed in the United States of America in North Mankato, Minnesota
1 2 3 4 5 6 7 8 9 0 16 15 14 13 12

012012
WEP170112

Senior Editor: Heather Kissock
Art Director: Terry Paulhus

Weigl acknowledges Getty Images as the primary image supplier for this title.